वीरेन्द्र कुमार र सिंह

First Published in October 2022

ISBN: 978-93-5611-527-9

BLUEROSE PUBLISHERS

www.BlueRoseONE.com

info@bluerosepublishers.com

+91 8882 898 898

Cover Design:

Aman Sharma

Typographic Design:

Namrata Saini

Distributed by: BlueRose, Amazon, Flipkart

1.

वो मुझसे शरमाए जाये क्या कम है,
चाहत में कभी मुस्कराए तो क्या कम है.

वो चाहता और मैं उसे वो भी जाने,
यूँ वो मिरे पास भी न आये क्या ग़म है.

रिश्तों में कोई मंजिल होती सबकी,
इतराए वो ठुकराए पहल माना सनम है.

पहरे में चार-सू रहे न हिम्मत निकल करे,
न जोश दिखाये मगर रखे वो दमख़म है.

करूँ इबादत कायनात की जिसने बख़्शा,
चाहत की रंगतों में उसकी तो दम है.

प्यार की रंगत उसे लगी उलझन-सी वीर,
वही धूप या छांव कभी दोनों कम है.

चार-सू-*in four directions/ in all directions*

दमख़म-*stamina, vigour, guts* **पहल**-*beginning, first initiative.*

2.

छोडकर लाख पनाहों को जिया करता है,
उसे ना-मालूम वो एहसान किया करता है.

वो इरादों को बख़ूबी समझकर भी बेवजह,
ख़ुद सहता ग़म और ख़ामोश जिया करता है.

शायद कमजोरी या मजबूरी है उसकी,
जो हिमाक़तों का चुपछाप दीदार किया करता है.

टूटते रोज़ और टूट-टूटकर जुडते रहते,
ऐसे जज़्बात में बेवजह ही बेज़ार हुआ करता है.

वीर तुमने निभाई ज़िंदा-दिली से यारी,
तुम्हें मिलने का वो दिली-इक़रार किया करता है.

ग़म-*grief,* बेज़ार-*displeased, weary, disgusted, tired of.*

पनाहों-*shelters* हिमाक़तों-*follies* ज़िंदा-दिली-*cheerfulness, gaiety, happiness.*

3.

इन परिंदों को खुला आकाश भी तो चाहिए,
विचरना फ़ितरत है वो आब-ओ-हवा भी चाहिए.

बंद पिंजड़ों से भी उड़ने की बहुत कोशिश किए,
पर कतरने की जो रश्में अब तो जानी चाहिए.

क़ैद में रहकर भी उड़ने का जो फ़न भूले किधर,
कतरे पंखों में क्या दम है परखना भी चाहिए.

अपने कुनवे के ही औरों के खुले माहौल से देख,
दूर रह सीखा हुनर जो परखा जाना चाहिए.

वीर सबके हौंसले सबकी उड़ानों के मिजाज़,
कौन अव्वल कौन दोयम यह भी दिखना चाहिए.

4.

अक्सर दोहरी ज़िंदगी जीते हैं लोग,
सच का करते सामना विरले ही लोग.

कह नहीं सकते जो डर में जी रहे,
रिश्तों का सच भी छुपा लेते हैं लोग.

हक़ीक़त की राह भी अड़चन भरी होती कहीं,
झूँठ-आडंबर सहज पाते हैं लोग.

अब अख़लाक़-सच्चाई-इंसाफ़ के बदले मानी,
बदलते मानी को अपने ढंग से लेते हैं लोग.

वीर मेरी न सही तेरी ज़ुबां पे सच तो है,
सभी की करता भलाई उसे तो समझे हैं लोग.

अख़लाक़-*morals, ethics, morality, virtues.*

5.

खौंफ़ मुझको नहीं बेशक़ उसी को है,
जो डराता है डर उसी को है.

वफ़ा रखता जो किसी से दिल में,
यकीन और चाहत बस उसी को है.

शान-ओ-शौकत-ओ-शोहरत जिसे हासिल,
जिसने कमाई वो उसी की है.

सोचे बैठे मंज़िल चलकर आए,
जिसने पाने की ठानी हासिल उसी को है.

चाहता वीर तुम भी मिरे साथ चलो,
समझ लो अकेलापन कहीं तुम्हें भी है.

6.

तसव्वुर में उसे लाना ही है न,
हक़ीक़त में जिसे पाना ही है न.

मुमकिना न दिखे होता है मुमकिन,
मुसलसल सोच में अपनाना ही है न.

भरोसा एक सहल-अटूट जो भी,
रखा इंसान छूता आसमाँ ही है न.

बाज़ुओं पे भरोसा करे अपने,
उड़े कितने पखेरू आज भी उड़ते ही हैं न.

वीर ख़ुद को समझना ख़ुद ही होता,
अक़ीदत की हद परखना भी है न.

तसव्वुर-*imagination.* **मुसलसल-मुस्तक़िल**, *always,*
सहल-सहज *easy, simple, effortless.* **मुमकिना**-*possible.*

7.

यह वफ़ा ही ज़िंदगी से दफ़ा हो जाए,
जो कभी हमराज़ राज़ हो जाए.

उसे एहसास दिलाएँ भी तो क्या,
जिसके दिल से ही जज़्वात फ़ना हो जाए.

वही न समझे करीब रहे हो जिसके,
होके मजबूर-ओ-मायूस जुदा ही पाये.

कौन सी बात ना-गवार रही ना-मालूम,
जिसके चलते वो ख़ुदा हो जाए.

वीर क़ुदरत की हक़ीक़त है कि,
मोहब्बत दिल से रखे वो ही मोहब्बत पाये.

दफ़ा-*repelling, warding off*.

8.

दिल को दिल से क़रार होता है,
जब हक़ीक़त में प्यार होता है.

रात-दिन धूप-छाँव के मंज़र,
हर लम्हा एक-सा ही होता है.

एक उम्मीद एक जाँ-दिल से,
सिर्फ़ एहसास-ए-कुर्ब होता है.

जो समझ आतीं हरकतें होतीं,
रुसबाई का डर न होता है.

मिले दिलों से वो जोश-ओ-जुनूं,
जाँ फ़ना हो न डर ही होता है.

किसी मंज़िल की जुस्तुजू होती,
जो लिया फ़ैसला वो होता है.

वीर बईद-ए-वहम-ओ-ख़्वाब कही,
एक ठहरा-सा सुकूं होता है.

बईद-ए-वहम-ओ-ख़्वाब-*beyond imagination.*

कुर्ब-*approach, nearness,nearness,trust.*

9.

घर की सरहदें छोड़ कभी निकलना होता,
बेवजह मजबूरियों का नहीं रोना होता.
जाँ में हिम्मत-ओ-हौंसला रख मौजूद ,
कर नयी कुछ उम्मीद तलाश जो किए होता .
कुछ न करने की आदत छोड़ निकल,
मंज़िल पाने की ज़िद पे डट सब किए होता.
जिसने अपने ही इरादों पे भरोसा रक्खा,
अपने अंदाज़ में जो देख किया सब होता.
खराब मौसमों का डर भी राहों में वीर,
नहीं होता जिसे मंज़िल पे ही पहुँचना होता.

10.

मुझे तिरे साथ ही रहना है,
मुझे अब बुलंदियों पे ही रहना है.
तिरे हौसलों से है मिलती हिम्मत
,तिरे इरादों के साथ जीना है.
तिरी सादगी हिम्मत-ओ-विश्वास,
ज़ीस्त को बनाता सलोना है.
मुश्किलों से लड़ने का तिरा अंदाज़,
दे हर ओर नया कोना है.
वीर चाही हम-नवाई तेरी है शुक्र,
ज़िंदगी सुकूं में ही जीना है.
मुझे अब बुलंदियों पे ही रहना है,
मुझे तिरे साथ ही रहना है.

11.

शरीफ़ लोग शराफ़त ही रखें तो अच्छा है,
समाज में उनका बड़ा है फर्ज़ समझें अच्छा है.

उन्हीं के दिखाये तरीक़ों की नक़ल करते हैं लोग,
उन्हीं को क़ुदरत का हो ख़्याल अच्छा है.

नीयत से मोहब्बत-ओ-इंसाफ़ की ख़ातिर,
उन्हीं के उठें पहले क़दम बहुत अच्छा है.

कुछ करके समझते एहसान वो करते,
ख़ुद अना के लिए दूसरों का ख़्याल रखें अच्छा है.

वीर ख़ैरात में कोई कुछ न दे किसी को जानें,
जो भी जिसका है वो कहने के लिए अच्छा है.

12.

महकती खुशबू का ही एहसास वो कर पायेगा,
हर लम्हा उम्मीद-ओ-हिम्मत में जो है रख पायेगा.

वक़्त-ओ-हालात की बंदिश कहाँ होती नहीं,
जो है ज़ेहन में बसा पाने की ज़िद है पायेगा.

हौसलों को पंख देकर उड़ सके तो रुके
क्यों ज़िंदगी का जो भी मक़्सद है उसे कब पायेगा.

ज़िंदगी तेरी तो सपने-हौंसले सब तेरे ही हों,
हुश्न-होश-हवाश रख मंज़िल तो पक्का पायेगा.

राह की दुश्वारियां तो समझ कर रुकना न वीर,
मंज़िलें ही हैं पता तो राहें बनता पायेगा.

दुश्वारियां-*troubles*

13.

उस रास्ती की तलाश अब भी है,
उस दोस्ती की तलाश अब भी है.

अब भी उसे ही खोजने में मशग़ूल,
खोज उसके मिज़ाज की अब भी है.

हूँ तलबगार और इज़हार किया उसको,
उसका ही इंतजार अब भी है.

भीड़ से निकलकर आई मिरी चाहत,
उसी से करना क़रार अब भी है.

वीर यह दिल-लगी भी अजब उलझन है,
भूलने पर लगी अब भी है.

रास्ती-*truth, honesty, uprightness, truthfulness,*

दिल-लगी-*attachment, inclination*

14.

रिश्ते-नातों की समझ रखनी है,
सबके जज़्बात की अदब रखनी है.

एक उन्नत समाज के होकर बाशिंदे,
उसकी अज़्मत-ओ-नाज़ रखनी है.

कौन लेके आया और लेके गया शोहरत,
दिलों में रसाई ख़ुद-ब-ख़ुद रखनी है.

उनसे हिफ़ाजत की उम्मीद भी हो कैसे,
जिन्हें अपनों की अलग जगह रखनी है.

हैसियत वीर नज़रिये से बने-बिगड़े,
जिसे शोहरत की तलब यह समझ रखनी है.

बाशिंदे-*natives.*

15.

सब शराफ़त छोड़ ज़राफ़त कर ले,
ज़ीस्त अपनी ख़ुशी में कर ले.
ख़ुद-एतिमाद हुये बिना क्या जीना,
ग़ुलामी ही कहके कुबूल कर ले.
जिन्हें है नाज़ अपने बाज़ुओं पर,
उनसे पूछो कुछ सवाल ही करके.
जोश-ओ-हिम्मत न बिकाऊ हों कहीं,
ज़मीर में खुद्दारी बस अहं कर ले.
वीर ज़ेहन से आज़ाद-ख़्याल इंसां,
इंसानियत की ख़ातिर बहुत कुछ कर ले.

ज़राफ़त- *humour, jest, jocularity,* ठिठोली.

ख़ुद-एतिमाद-*self-confident,* सेल्फ-*reliant.*

16.

रुसवाइयों का बोझ उठाना तो है जरूर,
हर हाल में जज़्बात निभाना तो है जरूर.

कहना भी है जरूर कुछ सुनना भी कुछ जरूर,
जो बन्दिशें रहीं हैं उन्हें तोड़ना जरूर.

ता-अल्लुक भी रहे चाहतों में ज़िंदगी भर का,
सोचा जो कहीं है वो कर दिखाना है जरूर.

है उनको भी मालूम कि ज़मीर है अभी,
कितना सताओ फिरभी ज़िंदा हसरतें हैं जरूर.

ज़ोखिम उठाने की कोशिशें वीर कम नहीं,
जीने का रखा है हौंसला भरपूर तो जरूर.

17.

मुझसे अपनी कहानियाँ कहके रहना,
तुम दिल-ओ-दिमाग से मिरे रहना.

कोई तुम्हें अपना कहे न कहे,
तुम मेरे हो दिल से मिरे ही आसना रहना.

तुम मिरे दिल-ओ-यकीं से रहे हो बाबस्ता,
मैंने चाहा हर लम्हा तुम्हें अपना होना.

रखो बे-बाकी ज़मीर में खुले दिल से,
हम और तुम सभी हैं एक है यह सच कहना.

वीर उजालों को अँधेरों में भी टटोले रखिए,
हों खड़े राह में बने मसाल इक कोना.

तुम दिल-ओ-दिमाग से मिरे रहना,
मुझसे अपनी कहानियाँ कहके रहना.

बे-बाकी-*boldness,*

18.

मिटा न इश्क मिटाओगे कैसे,
तिश्नगी न बुझी बुझाओगे कैसे.

तवारीख़ अज़ल से अब तक की,
शनाख़्त है उसे भुलाओगे कैसे.

राह मंज़िल एतिक़ाद मेरे अपने,
जुरअत कर ही अपनाओगे वैसे.

होश-बेहोशी में किया जो इक़रार,
आबरू उसकी ही रखोगे कैसे.

ज़मीर की संजीदगी बड़ी दौलत है,
वही लुटती तो बचाओगे कैसे.

ये सवालत मिरे ज़ेहन में रहते,
इन सबका इलाज सुझाओगे वैसे.

वीर निस्बत में अदब से जाने,
मोहब्बत से सब कमतर रखें कैसे.

ज़मीर-*conscience,mind,heart* तवारीख़-*histories, dates,* शनाख़्त *recogination,identity,*एतिक़ाद-अक़ीदा-*faith,belief,trust,* इक़रार करना –*admit,accept,confess,*

19.

बेवफ़ाई कभी जुदा नहीं होती,
वो नज़र अलविदा नहीं होती.

झूँठ की नींव पे रिश्तों की मकां,
न होती तामीर फ़ना ही होती.

कोई अंदाज़ जो समझ आ जाए,
उस पर पॉलिश कभी भी होती.

आशनाई में होते कभी जो मंजर,
दिलों की हसरत वो नहीं होती.

बनके बिगड़ते कभी न वो रिश्ते,
जिनकी बुनियाद सचाई ही होती.

दोस्ती-ओ-आशिक़ी में न चले फ़रेब,
इससे रिश्तों की लौ बुझी होती.

वीर अभी बहुत कुछ करना बाकी है,
जब तक ग़ैरत ज़िंदा रही होती.

20.

मुसव्विर-दिल तो ख़्वाबों का रहा है,
बयां कुछ और करता आ रहा है.

जो सच का सामना करना न चाहे,
बहाना नया ही कुछ करता आ रहा है.

पकड़ अपनी हो गर मज़बूत दिल पे,
जो नामुमकिन था मुमकिन ही रहा है.

इरादों को जो ले ज़ेहन में चलते,
उन्हें भटकाव राहों में बहुत ही कम रहा है.

बनाके ख़्वाबों के मंजर जो चलते,
उन्हें हर कदम ही आसान राहों में रहा है.

जिसे हर छूट कुछ कर गुजरने की,
वही शैतानियाँ भी तो कभी करता रहा है.

वीर बहते दरिया का आलम कितने जाने,
जिसे मालूम है बहता जा रहा है.

मुसव्विर-*painter, photographer, sculpture.*

21.

हम उनके हाल पे इतरा रहे है,
ख़ुद-ब-ख़ुद वो मिरे पास आ रहे है.

हमें जिन हौंसलों से जीतना है,
वही दिल में उमड़ कर आ रहे है.

लगा जिन चोटियों की सैर करनी,
उन्हीं के पास तो मड़रा रहे है.

जिन्हें समझे कभी थे जानी-दुश्मन,
वही दिल से वफ़ा फरमा रहे हैं.

बदलना क़ुदरती हरकत तो है पर,
उसी से लोग कुछ कर पा रहे हैं.

सभी की इनायत शुक्रिया कहूँ सबको,
हमें क़ुदरत के सरमाये रहे हैं.

वीर इन ज़लज़लों की फिक्र क्यों हो,
जो बदले हाल को दिखला रहे है.

ज़लज़लों-*earthquakes.*

22.

हुई बात उसका ख़्याल आ गया,
बहुत सोचने पर मलाल आ गया.

बचाके रखी थी जो रिश्तों की चादर,
उसे हड़पने ही बवाल आ गया.

किनारों पे रहते न समझे रवानी,
जो दरिया ने रक्खी कमाल हो गया.

कहे बिन ही दर्द-ए-दिल वो जो समझे,
हुई एक राहत धमाल हो गया.

बताना बहुत कुछ है वीर उनको,
सिहर सोचना ही फ़िलहाल हो गया.

बवाल-*calamity, mischance.*

सिहर-*day-break, dawn,* **सहर**-*morning*

23.

निशानदेही और जबाबदेही ही सब है,
ज़मीर एकदम मरा ही जब है.

जो खेलता रहता हो दिलों से ही,
नहीं कोई सवाल उस पर कहीं अब है.

हमीं सब शरीफ़ और ईमानदार लोग,
देख चुप रहते ज़ुल्म होता जब है.

कोई मज़लूम कहाँ जाकर रोये,
वही मुल्ज़िम-ओ-सज़ायाफ़्ता बना जब है.

वो तोड़ते हैं वीर सच को दबाके रखते,
पर सच है नंगा होता छिपा कब है.

24.

यह भी इक दौर गुजर ही जायेगा,
हौंसला रख नहीं तो सुकून जायेगा.

ज़िंदगी जितनी जद्द-ओ-जहद में रहती,
होती मज़बूत ही समझ जायेगा.

दरिया के सैलाब में डूबने से न डर,
अपने होश-हिम्मत से उभर पाएगा.

हो कभी दीदार तो कभी ओझल,
संभलना है जिसे वो संभल ही जायेगा.

जो दिल-ओ-दिमाग में जीत का जज़्बा,
वीर रखता वो जीत ही जायेगा.

25.

मरासिम इश्क़ के समझे तो निभाने भी ग़म थे,
समझते वो कि तिरे पास बहाने कम थे.

ख़ुदा-गवाह तो हर बात के लिए क्यों हो,
ख़ुद की ग़ैरत-ओ-ज़मीर कहीं क्या कम थे.

हर शख़्स को यहाँ पहले यकीं ख़ुद पर हो,
न यकींन ख़ुद पे होने के फ़साने क्या कम थे.

टूट जाएंगे तो जुड़ना आता है बेशक़,
अपनी बे-बाकी के अफ़साने सुनाने को भी न कम थे.

जज़्बात का है खेल वीर बड़ा संजीदा,
निभानी पड़े न निस्बत तरीके उसके भी न कम थे.

मरासिम-*customs,rules,relations.*गैरत-*esteem,approval.*
यकीं-एतमाद.ख़ुदा-गवाह-*God-witness,*ज़मीर-*conscience.*निस्बत-*connection,relation,attachment.*

26.

तिरा दीदार करूँ दिल करता,
जान लूँ तुझको यही दिल करता.

देखना ही नहीं तुझे सुनना चाहूँ,
ता-उम्र ही साथ रहूँ जी करता.

क्या है दीवानगी नहीं समझा,
तिरा ख़्याल बस ज़ेहन ही करता.

बहुत कुछ खोजता हूँ पाने को,
तिरा नख़रा नज़ाकत ही रखता.

वीर कुदरत के करिश्मों में से,
तुम साँसों में रहो यही जी करता.

नख़रा-*pampering,coquetry,* नज़ाकत-*delecacy,elegance*

27.

जब अपना ज़मीर कुछ कहता,
उसे सुने बिना कुछ क्यों कहता.
जो दीवार खड़ी दिल में तोड़ें,
बिन मोहब्बत के ही लिए ग़म रहता.
जिसको जीने का कोई शौक नहीं है,
वो तो मरने के लिए ही जीता.
जिसको बारीकियाँ समझनीं होती,
उसको हर सम्त का पता रहता.
वीर जज़्बात में जिरह कैसी,
यकीं आदर में तो सब मुमकिन रहता.

तकाज़े-*demands,* **सर**-*conquer,to accomplish difficult task*
सर-ब-सर-*entirely/completely.*

28.

जब निगह-ए-नाज़ पास होता है,
ख़ुद को तंकीद का ख़्याल होता है.
उन्हें कहो जुरअत करके सच तो बोलें,
कोशिश तमाम पे न सवाल होता है.
शगुफ़्ता अपना दिल ही रखें बेहतर है,
क्यों जो करम का सब कमाल होता है.
आशनाई है तो खुलकर कह ही दो बेबाक,
यह भी कुदरत का अमां होता है.
दीद की चाहत है मान लो अब वीर,
रब्त की लौ को भी जगाये रखना होता है.

निगह-ए-नाज़- *glance of love,* **तंकीद-***criticism,fault finding*
परख,पड़ताल,समीक्षा .

जुरअत-*courage* **शगुफ़्ता-***cheerful* **करम-**
kindness,favour,gracegenerosity.

अमां-*refuge,protection* **लौ-***ardent desire,attachment,expectation.*

रब्त-लगाव,ताल्लुक

29.

वो भी सोचे तो बस तुमसे मोहब्बत ही करे,
जो समझता सच का कोई सौदा न करे.

कहूँ उसको कि वो संभले और संभाले उनको,
जो हक़ीक़त का दीदार कर उससे ही डरे.

जो समझते कि सब मनतिकों से हासिल है,
ख़ैर जो सोचता दिल से वो मंतिक़ न करे.

जान लो सोच-समझ लो जो मोहब्बत करते,
वो कहाँ तुमसे जुदा तुम पर जी-जां से मरे.

सिर्फ़ जज़्बात सिर्फ़ मनतिकों से न हासिल कुछ,
जो समझ लेते वही दोनों साथ लेके चले.

मनतिकों-*logics.*

30.

निगाहों में कहीं कोई कभी होता है अक्सर,
उसी के ख़्याल में खोता है दिल भी अक्सर.

पास या दूर वो परवाह है उसकी,
वो मेरा है यह यक़ीन मिरे दिल के जानिव ही अक्सर.

ख़ुदाई का करिश्मा कि वो दिल-ओ-नज़र में है,
मंसब-ए-दिलवरी महफ़ूज हो चाहत है अक्सर.

हक़ीक़त है कि दिल की वादियों में भूल से भी,
कोई भटका वहीं अटका कभी ना-आशना अक्सर.

वीर लोगों की समझ लुक-छिप रहा करती कभी,
कहीं फिर आ-जा रही बेधड़क भी खुलके अक्सर.

ख़ुदाई- *divinity.*ना-आशना-*unacquainted, unknown* बेख़बर,

31.

ऐसा नहीं है कि किसी पे मरता नहीं है वो,
कुछ चाहकर भी चुप है कहता नहीं है वो.

खुलकर नहीं करता इरादों को बयां डर से,
हाँ इतना भी डरपोक तो लगता नहीं है वो.

ऐसा लगा की उसको है कुछ ख़ास ही अज़ीज़,
जो खोजने में हो रहा मशग़ूल कहीं वो.

आख़िरश उसने खोल दिया हसरतों का राज़,
कि जितनी दबायीं उतनीं मचलीं हैं कहीं वो.

उसका यक़ीन होता कभी हक़ीक़त से कहीं दूर,
वीर अजब उलझनों से गुजरा है कहीं वो.

32.

नज़र से नज़र की इज़ाज़त मिली जो,
इबादत ही करता इनायत मिली जो.

कभी फ़ैसलों की कभी फ़ासलों की,
रही जो भी अड़चन सभी मिट गयी वो.

कहीं दिल-ओ-ज़ेहन में ही बस गया था,
हक़ीक़त में चेहरा वही मिल गया वो.

ये क़ुदरत का रहम-ओ-करम है कि जिसने,
जो चाहा है दिल से उसे मिल गया वो.

कहीं भटक कर भी जो खोजें न मिलता,
उन्हें हो यह मालूम कि क्या चाहिये वो.

हमेशा वक़्त की अहमियत जो समझे,
तो हर पल सुकूँ में जिये ज़िंदगी वो.

रही इस वजह बेबसी-ओ-मुफ़्लिसी भी,
वीर जो न हिम्मत रखे मर मिटे वो.

faaslo.n--फ़ासलों-*distances*

faislo.n-- फ़ैसलों-*decree, settlement, decision, adjustment*

सुकूँ-*peace/quietness..* मुफ़्लिसी—*poverty.*

33.

काश! मेरी राह में आकर वो यों रुकते नहीं,
मैं तो था उनका कहीं शायद यकीं उनको नहीं.

ज़िंदगी भर साथ चलने का तो रखते हौंसला,
आग ख़ुद की सोच में हो वो सहज बुझती नहीं .

लोग अपनी मुफ़्त की भी राय दें सबको पता,
मगर ख़ुद के फैसलों पर हो यकीं लाज़िम कहीं.

सभी रिश्ते फैसलों में साथ दे पाते हैं तो फिर,
उनको अपनी राह में बढ़ना ही था रुकना नहीं.

वीर ख़ुद की अलहदा पहचान रखनी है अगर,
अपने दिल की ही है सुननी औरों की सुननी नहीं.

34.

यूँ अगर आके कहो दिल पे सुनाओ कुछ तो,
टूटकर वादे निभाये वो बताओ कुछ तो.

हाँ यह मालूम कि कुछ जो भी दफ़न है दिल में,
देके दीदार भी जाओ वो निकालो कुछ तो.

फ़ैसलों ने किये फ़ासले भी तो क्या ग़म है,
तुम अब भी हो जो कल थे न छुपाओ कुछ तो.

कौन कहता है कि तश्वीर से बहला है दिल,काश !
दिल के सिवा भी पास आते कुछ तो.

वीर इस ज़ीस्त की बसारत ने हादसे देखे,
पास आके अपनों के बारे में सुनाते कुछ तो.

बसारत-*eyesight,vision,*बिनाई,निगाह.

35.

ज़िंदगी कोई किसी के भरोसे न रखो,
अपने हाथों से ख़ुद तक़दीर सजाके ही रखो.

लूटने वाले कहीं भी बहुत अज़ूबे हैं,
जिनसे बचने की समझ और हौंसला भी रखो.

कौन कहता है जीने का नज़रिया न रखो,
ज़ीस्त ख़ुद की हो बुलंदी पे लाके ही रखो.

आन की कीमत चुकाकर कभी तो समझें,
कैसे रहती इसे समझो सम्भाल के ही रखो.

ठान लो जो मक़सद है उसे पाना ही वीर,
ज़िंदगी सहज सही अज़्मत बुलंदी पे ही रखो.

36.

इंसान से इंसान की रसाई ही समझ लो,
यह है ख़ुदा का हदिया इसकी फ़ितरत समझ लो.
जो सहज-सी शराफ़त बनती है इससे,
न है कमजोरी कोई यह रखे भी जुरअत समझ लो.
कोई इस्मतें न लुटने देगी यही इंसानी रसाई,
यह धर्म-अर्थ-समाज करती एकजुट समझ लो.
अब डर नहीं लगता उसे ख़तरों से गुजरा है जो,
हालात से मज़बूर ना-रसाई में समझ लो.
बनते-बिगड़ते रोज़ इंसान के हालात वीर,
कुछ लोग समझे राज़ यह तुम भी तो समझ लो.

रसाई- *rasaa.ii --reach, approach, skill, access,accessibility.*

इस्मतें-*honors, modesty, protection, maidenhood-plural.*

फ़ितरत-*creation, nature*-**प्रकृति**.

दावा- ए--रसाई - पहुंच का दावा.

37.

जिसकी ज़ानिव जाँ कहीं उस नज़र से वाक़िफ हूँ मैं,
दिल से चाहा जो कभी उस सच से बाबस्ता हूँ मैं.

बदलते हालात यक-लख़्त देख और उसे ठीक न पाके,
मंज़िलें मिल साथ देखीं अपनी से वाक़िफ हूँ मैं.

उनकी राहों में न पड़ना उनकी चालों से ही दूर,
महफ़िलें भी हैं बहुत फिर न उधर भटका ही मैं.

कर लिया जो फैसला अपनी नज़र में जो सही,
उसकी चाहत के लिये हर पल जिया चाहूं ही मैं.

लोग लेते फैसले औरों की मुश्किल कर हयात,
वीर जज़्बाती- शिगूफों से बहुत वाक़िफ हूँ मैं.

जाँ--*soul, life.***बाबस्ता –आबद्ध,सम्बद्ध.**

यक-लख़्त--*all at once, suddenly, altogether entirely*--**सब एक साथ**.

38.

सारे रिश्तों की हक़ीक़त जो रही,
रूह से अपनी तो बढ़कर न रही.
सहली बे-इज़्ज़ती रिश्तों की खातिर,
कभी लगा न मुझे यूँ जाना सही.
एकतरफ़ा चाहतों के दौर भी होते मगर,
एक नाज़ुक मोड़ पर रुकते वही.
देखके समझा कि जज़्बात का लोग,
नासमझ बन अदब न रखते सही.
वीर दुनिया में सताइश कम नहीं होगी,
होश रखते जो कदम बढ़ते वही.

सताइश-*accolade, praise, appreciation.*

39.

झूँठ बोलूँ तो मुझे ही भूलो तुम,
मेरा गुनाह क्या कुबूलो तुम.

एक ऐतवार दिया था जो कभी,
आज भी है बरक़रार बोलो तुम.

ज़िंदगी वस्ल में या हिज़रा में,
आज बस राज़ यही खोलो तुम.

बहते दरिया को ग़म किनारों का,
जिसे मालूम उससे मिलाओ तुम.

आसनाई वफ़ा-ओ-भरोसे में वीर,
कुछ कमी हुई वो ही बोलो तुम.

मेरा गुनाह क्या कुबूलो तुम,
झूँठ बोलूँ तो मुझे ही भूलो तुम.

40.

मुद्दतों बाद कहीं मिला जब उसको,
न सोचा ही कभी ग़म हुआ उसको .

जाने हालात-ओ-ख़्यालात उसके,
दिल ख़ुशनुमाई में फिर भर सका उसको .

कहीं चाहत दिल-ओ-जाँ में छिपी ही रही,
वो न बतानी थी मिलके भी उसको.

किसे मालूम कि गुंजाइश कहीं मचल आए,
मिले यक-लख़्त आ ही जब उसको.

वीर दिल से दिल को बड़ी राहत मिलती,
न छुप सकी कुछ छुपाते भी हैं जिसको.

41.

वो सभी रिश्ते-ओ-वादे भूलकर खोये जहाँ,
जानकर सारी हक़ीक़त दिल से हम समझे जहाँ.

काश ! वो उन चाहतों का कुछ अदब रखते कहीं,
भूलने की भूल ही करने की थी हिम्मत कहाँ.

ख़ैर उनकी बे-हयाई ही समझ कुछ न कहा,
छोड़ने को दिल से उनको फिर समझ आया वहाँ .

मुझमें वो जज़्बा रहा उनके लिए रखा अदब महदूद,
बेबक़ूफ़ी की हदें भी पार कुछ करते यहाँ.

बे-हयाई –*immodesty, impudence, shamelessness* **बेशर्मी**, **महदूद**- *limited*

42.

हौसले-हालात बदलो यह तुम्हारे बस में है,
खौफ़-जोख़िम से क्या डरना हौंसला जब दिल में है.

सोचकर कुछ ठान लो करके उसे पाना हो मक़सद,
राहें हर पल सहज न होतीं समझना यह भी है.

रोज़ मर-मर जी रहे इंसान की शक्लों में लोग,
अपनी आज़ादी की ख़ातिर ख़ुद उन्हें लड़ना तो है.

जो डरा इंसान है उससे तो डरना ही है क्यों,
ख़ुद की फ़ितरत में दिलेरी की समझ लानी जो है.

वीर जब मुश्किल में जाँ हो सब्र का हो साथ भी,
नज़र चौकन्नी जंग में जिसका न सानी जो है.

सानी-*match,equal,* दूसरा ,दीगर,अन्य

43.

दिल से उस दिल की कुछ इबादत कर ले,
दोस्ती छोड़ चल हँसने के कुछ शगफ़ कर ले.

किसे पता है हर पल की अदा-ओ-अंदाज़ यहाँ,
ख़ुश-मिजाज़ी के ही कुछ मोज़ज़े चख ले.

मुझसे बाबस्ता हैं कुछ जो अंदाज़ उसके,
वो मिरा न सही उनका ही कुछ अदब रख ले.

दोस्ती कर दिल से जिंदा-दिली के साथ ही,
दोस्ती ईमान-ओ-वफ़ा के साथ पहले करले.

वीर पहले से जमाने की रिवायतें आयीं,
हम ही अकेले नहीं दिल से जो निभाने निकले.

44.

क्या हद से सिवा चाहतों का दौर नया यह है,
किस्से-कहानियों में सुना बहुत ही कुछ है.

माँ और मात्रभूमि से बढ़कर तो कुछ नहीं,
वो वीर ऊधम-भगत-बिस्मिल का यही सच है.

इंसान न मिटा तो इंसानियत न मिटती जानो,
हालात रहें कुछ भी यह हर काल का सच है.

फिरभी अब कुछ इंसानियत को शर्मसार कर,
जीने का दंभ भरने की कोशिश नयी कुछ है.

एक टूटे हुये इंसान को वहीं आज भी इंसान,
देता सभी वो राहत जो जज़्बों से जुड़ी कुछ है.

45.

रुसवाइयों का बोझ उठाना तो है जरूर,
हर हाल में जज़्बात निभाना तो है जरूर.

कहना भी है जरूर कुछ सुनना भी कुछ जरूर,
जो बन्दिशें रहीं हैं उन्हें तोड़ना जरूर.

ता-अल्लुक भी रहे चाहतों में ज़िंदगी भर का,
सोचा जो कहीं है वो कर दिखाना है जरूर.

है उनको भी मालूम कि ज़मीर है अभी,
कितना सताओ ज़िंदा फिर भी हैं हसरतें जरूर.

ज़ोखिम उठाने की कोशिशें वीर कम नहीं,
जीने का रखा हौंसला भरपूर तो जरूर.

46.

यह तो फ़ितरत में सही कमाल भी कुछ,
दिल-ओ-दिमाग से ओझल हुआ नहीं वो कुछ.

जब भी चाहूँ-ओ-सोचूँ तो सलामती ही उसकी,
उसके दिल को भी यह पता है सब कुछ.

उसकी चाहत-ओ-जज्बात से दिल बाबस्ता,
मिरे बजूद में हर हाल में वो शामिल है कुछ.

दूर जाके न त-अल्लुक रखे न याद रहे,
रूह-ओ-ज़ेहन में समाये यही मुमकिन अब कुछ.

वीर इंसां की फ़ितरतें भी अज़ीब-ओ-अनेक,
उनका दीदार कभी फिर से कहीं भी हो कुछ.

47.

उनके ख्वाबों की हक़ीक़त तब मुझे मालूम हुई,हौं
सलों को बढ़ते मेरे सच की जब चर्चा हुई.
जानकर बेहद निहायत सिरफिरा अंजान-सा,
जब मिली शोहरत मुझे तो हर तरफ चर्चा हुई.
कौन सी मिट्टी है इसमें बीज किसके बो रखे,
जब फले-फूले वो महके तभी सरगोशी हुई.
लोग जानेंगे तुम्हें जब कुछ नया उनको दिखे,
सादगी अपनी अलामत दे के भी चलती हुई.
वीर अपनी राह पे चलना है जो मंज़िल तेरी,
मंज़िलें राहें बनी जब मेहर क़ुदरत की हुई.

सरगोशी – *whisper, speaking in low tone ०gossip.*

अलामत-*mark,sign,token.* **मेहर**-*sun,affection,kindness.*

48.

मौसमों के दौर में मौसम तिरा कब आयेगा,
जो नहीं समझा अभी तक वो समझ कब आयेगा.

आन-बान तमाम शोहरत हसरतें इंसान में,
थीं सदा हैं आज भी तेरी तू कब दिखलायेगा.

मानते हैं चोट खाकर उठते हैं न सब कहीं,
किंतु कुछ उठते हैं तू उठता नज़र कब आयेगा.

गर वसीले न सही तो वीर मतलब हारना कब,
चला जो भी हारकर मंज़िल वही तो पायेगा.

मौसमों के दौर में मौसम तिरा कब आयेगा,
जो नहीं समझा अभी तक वो समझ कब आयेगा.

आन-बान- *splender, beauty, grace, magnificence, majesty, dignity, honour, self-respect, esteem, pride.*

49.

एक दरिया बह गया वो काफ़िला हासिल कहाँ,
जो मिला फ़ुरसत में न उसको वो हो हासिल कहाँ .

सिर्फ बह जज़्बात में हों मंज़िलें हीं कब नसीब,
सोचा-समझा नज़रिया भी अमल में रखना यहाँ.

छोड़कर भी बहुत कुछ जो बढ़ सके मंज़िल की ओर,
सभी वो मक़सद दिलाता जो समझ पाया यहाँ.

जो नहीं कुछ सोच में उसको समझना है ज़रूर,
सोच में लाना ही होता जो भी है पाना यहाँ .

सोच में गर ख़ास न कुछ अनगिनत रहते हैं ख़्वाब,
वीर इस हालत में मन का ख़ास न हासिल यहाँ.

50.

अपनी ख़ास चाहत ही बस जताए वो,
खौंफ़ जो भी है वह मिटाये वो.

डर के जीने से बेहतर है हो बेबाक कहीं,
करके जुरअत भी आज़माये तो वो .

सीखे क़ुदरत के ही उसूलों से बेशक़,
दिल में नफ़रत से प्यार न खोज पाये वो.

हौंसले रक्खे जज़्बात में महसूस करे,
जंग-ए-हक़ में यकीं करके आज़माये वो.

वीर जो सोचे ही फ़ासले और रक्खे दिल में,
मिटाये वही पहले फिर चाहत पाये वो.

www.ingramcontent.com/pod-product-compliance
Lightning Source LLC
Chambersburg PA
CBHW021326160726
47994CB00004B/1636

* 9 7 8 9 3 5 6 1 1 5 2 7 9 *